de

Jo Hoestlandt est née en 1948. Enfant, c'était une grande menteuse et ses parents lui reprochaient de « raconter des histoires. » Elle n'a pas tenu compte de leurs conseils. Des histoires, elle en raconte depuis vingt ans ! Et aujourd'hui, on lui en redemande. *La grande peur sous les étoiles,* publiée aux éditions Syros, a obtenu plusieurs prix internationaux.

Du même auteur dans Bayard Poche :

La rentrée des mamans (Les belles histoires)
Émile bille de clown - Journée poubelle pour Gaëlle - Coup de théâtre à l'école (J'aime lire)

Henri Fellner est né en 1962 à Versailles. Après des études à l'école des Arts décoratifs de Paris, il devient illustrateur pour la jeunesse, la presse adulte et la presse d'entreprise. Ses ouvrages sont publiés chez Bayard Éditions et Gallimard.

Bayard Éditions est une marque
du département Livre de Bayard Presse

ISBN 2.227.727.640

La maison de mon grand-père

Une histoire écrite par Jo Hoestlandt

illustrée par Henri Fellner

BAYARD POCHE

1

Grand-Père

La maison de Grand-Père et Grand-Mère se trouve au pied d'une colline en pente douce. C'est une maison blanche et basse aux volets bleu ciel. Elle est entourée d'un petit jardin où poussent des légumes bien alignés, des fruits, des fleurs, un peu de tout.

Grand-Père et Grand-Mère ont l'air beaucoup plus vieux que les grands-parents de mes copains. Papa dit que c'est parce qu'ils ont toujours vécu au dur soleil du Midi qu'ils ont la peau ridée.

L'été, on passe quinze jours chez eux. Je dors dans une chambre au papier fleuri qui sent bon la lavande. C'est là que Papa est né !

–Autrefois, m'a dit Grand-Père, les bébés naissaient à la maison, et pas à l'hôpital.

Je lui ai demandé pourquoi. Grand-Père a froncé ses gros sourcils, et il m'a expliqué :

– Eh bien, vois-tu, Hugo, c'était une drôle d'époque. Les filles naissaient dans les roses... Les garçons dans les choux... Sauf ceux qui étaient apportés directement par les cigognes ou les anges, évidemment...

Évidemment, ce sont des blagues ! Grand-Père adore me raconter des histoires bizarres sur ce qui se passait autrefois dans sa maison. Parfois, ce sont des blagues, parfois c'est vrai ; parfois, je ne sais pas.

Il me raconte qu'il n'y avait ni douche ni lavabo dans la maison et que les toilettes étaient au fond du jardin. Il dit que, l'hiver, il s'y « gelait les miches* » ! L'eau, il allait la chercher au puits. C'était lourd, mais Grand-Père dit que ça lui a fait les biceps.

– Au fond du puits, ajoute Grand-Père, il y avait une sorte de fée...

Je lui demande :

– Qu'est-ce qu'elle faisait là ?

* Les miches : petit nom familier des fesses.

Grand-Père s'énerve si je pose trop de questions. Il continue :

– On lançait un sou dans le puits ; si la fée le recevait dans la bouche, elle exauçait notre vœu ; si elle le recevait dans l'œil, c'était foutu. Ça portait malheur.

Encore une histoire bizarre ! Je dis à Grand-Père :

– Qu'est-ce qui arrivait si tu lui balançais le seau sur le pif en prenant de l'eau ?

Grand-Père glousse de rire dans sa moustache. Après, il tousse à s'en arracher les poumons.

Par la fenêtre, Grand-Mère lui crie :

– Tu fumes trop, Albert ! Tu vas m'attraper le cancer !

Grand-Père reprend son souffle, et il ronchonne :

– Va donc aider Grand-Mère au lieu de m'énerver. Tu me fais tousser.

Il s'assied sur la margelle du puits, qu'il a grillagé à ma naissance pour que je ne tombe pas dedans, et il allume une autre cigarette pour embêter Grand-Mère.

2

Grand-Mère

Grand-Mère se lève tous les jours avec le soleil.

– C'est l'heure des braves, dit-elle.

Je sais que Grand-Mère est brave. Pendant la guerre, elle a menacé deux Allemands avec un fusil parce qu'ils voulaient lui voler ses lapins.

Elle a crié : « Haut les mains ! »
Quand elle raconte ça, Grand-Père ajoute :
– Peau de lapin !
Et moi :
– La maîtresse en maillot de bain.

N'empêche, les Allemands se sont enfuis à travers le jardin, et ils ont sauté par-dessus le muret ! Je demande à Grand-Mère :

– Tu leur as tiré dans les fesses ?

– Mon Dieu, non ! répond Grand-Mère. Je n'allais pas gâcher mes plombs !

Donc, Grand-Mère est brave. Et elle tient à ses lapins.

Ils sont dans leur clapier, au fond du jardin. On les nourrit de trognons, d'épluchures, de salade et d'herbe. Je n'ai pas le droit de les caresser ; Grand-Mère dit qu'il ne faut pas jouer avec la nourriture.

En effet, ces lapins si jolis, si doux, le dimanche, on les mange. Grand-Mère en attrape un par les pattes arrière. Il gigote deux secondes. Elle lui flanque une bonne claque derrière la tête et, hop ! il est mort.

Après, elle le dépiaute*, et le lendemain le lapin est en petits morceaux délicieux dans notre assiette. Grand-Mère dit que c'est parce qu'elle s'occupe bien de ses lapins qu'ils sont si bons.

C'est pareil pour ses légumes. Elle s'en occupe chaque jour avec amour. Elle les arrose, elle dégage les mauvaises herbes, elle les cueille tôt le matin, quand il fait

* Dépiauter un animal, c'est lui ôter toute sa peau.

frais, « avant que le soleil ne leur ôte le goût », dit-elle. C'est pour ça que les petits pois, les carottes, les poireaux n'ont pas le même goût que ceux du supermarché.

Les gens du supermarché, eux, ne savent pas qu'il faut cueillir les légumes au lever du soleil.

– Pff, dit Grand-Mère. Les gens sont fous dans les supermarchés. Ils poussent leur manger dans une poussette, comme un bébé !

Et elle ajoute :

– Viens, Charles, il nous manque le thym, le persil, la ciboulette pour que ce lapin soit parfait.

Je murmure :

– Moi, je suis Hugo, Grand-Mère... C'est Papa qui s'appelle Charles.

Mais Grand-Mère ne m'écoute pas. Elle marche, toute petite, toute droite. Au passage, elle arrache une ortie et elle envoie une volée de cailloux blancs aux merles qui viennent voler ses cerises.

3

Grand-Mère a changé

Cet été-là, Grand-Mère était bizarre. Non seulement elle m'appelait Charles au lieu d'Hugo, mais elle appelait son chat Pomponnette alors qu'il s'appelle Grisou. Pourtant, Grand-Père n'arrêtait pas de lui dire :

– Voyons, Berthe, tu déraillles ! Pomponnette est morte il y a bien cinquante ans.

Pendant un instant, Grand-Mère restait stupéfaite, puis elle murmurait :

– Oui, bien sûr, Pomponnette est morte...

Mais, dix fois par jour, elle recommençait :

– Pomponnette ! Viens manger, ma belle...

Et elle bourrait Grisou de petits bouts de volaille et de pain trempé. Grand-Père haussait les épaules :

– Ma pauvre Berthe, tu perds la boule. Arrête de faire bouffer ce chat ! Il est gras comme un cochon !

Parfois, Grand-Mère disait en soupirant :

– Quand la guerre sera finie, vous repartirez chez vous. Ça fera un grand vide dans la maison...

On se regardait, interloqués*. À quoi rêvait donc Grand-Mère ?

Cet été-là, on a dû la surveiller. Elle était de plus en plus étourdie. Au lieu d'ouvrir le robinet, elle prenait le seau en plastique et elle demandait :

– Où est passé le seau du puits ? Il faut que j'aille chercher de l'eau.

* Être interloqués : être très surpris.

Ou bien elle se précipitait dans le jardin en disant :

– Je reviens. Je vais juste faire un petit pipi.

Maman la rattrapait et disait :

– Voyons, Grand-Mère ! Les cabinets ne sont plus dans le jardin.

Grand-Mère rentrait dans la maison en bougonnant :

– Avec tous ces changements, on s'y perd à la fin...

Plusieurs jours de suite, elle a attendu le facteur avec anxiété.

– Dites, facteur, l'interrogeait-elle, il n'y a rien pour moi ?

Grand-Père lui demandait :

– Mais de qui attends-tu donc du courrier, Berthe ?

Elle ne répondait pas. Elle ne nous parlait plus. Je me demandais bien pourquoi.

Un soir, elle s'est assise sur son petit banc dans le jardin, et elle s'est mise à pleurer silencieusement.

On était tous bouleversés. Je lui ai demandé :

– Pourquoi tu pleures, Grand-Mère ?

Elle a répondu :

– S'il ne m'écrit plus, c'est que la guerre me l'a tué...

Je me suis demandé à qui elle pensait. Personne ne savait. Elle semblait si loin de nous, si loin de tout.

Au bout d'un moment, elle est rentrée à la maison.

Comme d'habitude, Grand-Père et moi, on s'est assis sur la margelle du puits. Grand-Père a allumé sa cigarette du soir. Le ciel était plein d'étoiles, magnifique. Grand-Père m'a montré la Grande Ourse. La chouette s'est envolée du grenier pour aller chasser.

Comme d'habitude, par la fenêtre de la maison, Grand-Mère nous a grondés :

– Albert, ne jette pas ton mégot dans mes haricots, s'il te plaît ! Et fais rentrer Charles, il est tard !

4

La mort de Grand-Mère

À la fin de l'été, on est rentrés à la maison. L'école a repris. Un soir, Papa et Maman ont dit que Grand-Mère perdait vraiment la mémoire. Il fallait la mettre à l'hôpital pour la soigner. J'ai pensé que tout le monde allait être triste là-bas, à la petite maison blanche : Grand-Père, le chat, les lapins, les légumes...

La veille du 1er janvier, Papa est parti précipitamment voir Grand-Mère.

Moi, j'étais drôlement occupé par mes cadeaux de Noël, mais, à minuit, quand on s'est souhaité la bonne année, Maman et moi, j'ai pensé à Grand-Mère, et j'ai dit :

– Tchin, tchin ! À la santé de Grand-Mère ! Puis j'ai bu mon jus d'orange d'un trait.

– Pauvre Grand-Mère ! a soupiré Maman.

J'ai pensé à la fée, au fond du puits. Avait-elle reçu un sou dans l'œil ? Était-ce à cause de ça que Grand-Mère était malade ?

En tout cas, le lendemain, premier jour de la nouvelle année, Grand-Mère est morte.

Je voulais aller à son enterrement. Mais Maman a dit que c'était trop loin, trop triste, que j'étais trop jeune. Elle est partie rejoindre Grand-Père et Papa à la maison blanche, au pied de la colline.

Moi, je suis resté trois jours chez Tante Odile à regarder la télé toute la journée ! C'était la première fois que j'avais le droit de faire ça.

Quand Maman et Papa sont revenus, je suis retourné à l'école. C'était comme si rien n'avait vraiment changé, comme si rien ne s'était passé.

Je savais que Grand-Mère était morte, mais je n'arrivais pas à l'imaginer morte.

Je la voyais, comme d'habitude, se levant à l'heure des braves et trottinant jusqu'aux clapiers pour nourrir le lapin qu'on mangerait dimanche.

L'été est revenu. On est partis passer quinze jours chez Grand-Père. Dans la voiture, il faisait chaud. On avait ouvert toutes les fenêtres, et malgré cela on étouffait.

5

Un nouvel été

Grand-Père était assis sur le petit banc de Grand-Mère et il nous attendait. Il m'a serré contre lui. Il a serré aussi Papa et Maman dans ses bras. Ses grosses moustaches tremblaient. Ses yeux étaient pleins de larmes. Il a dit seulement :

– Enfin, vous voilà !

Notre chambre était prête. Mais l'armoire ne sentait plus la lavande. Le petit bouquet que Grand-Mère y avait déposé l'an dernier était tout sec.

Dans la cuisine, Grisou était allongé par terre. Il avait maigri. Grand-Père aussi.

J'ai dit :

– Je vais voir les lapins.

J'ai couru dans le jardin. Quelques orties m'ont piqué, juste devant les clapiers.

Les clapiers étaient tous vides, sauf un. Il ne restait plus qu'un seul lapin. Grand-Père m'a rejoint, et je lui ai demandé :

– Tu les as tous mangés ?

– Non, a répondu Grand-Père. C'était ta Grand-Mère qui s'en occupait. Moi, je n'en avais pas envie. Alors je les ai vendus à un voisin. Sauf celui-là, que j'ai gardé pour toi.

J'ai ouvert le clapier. J'ai caressé mon lapin. Grand-Mère n'était plus là pour me dire : « On ne joue pas avec la nourriture ! »

De toute façon, ce lapin sera mon ami, et je ne le mangerai jamais de la vie !

Quand on est rentrés à la maison, Grand-Père a dit :

– Vous devez avoir faim ; il y a du jambon, des pommes de terre.

Maman a répondu :

– Ce sera parfait, Grand-Père, avec quelques tomates... Hugo va en cueillir.

Il était midi ! Pas du tout l'heure de cueillir les légumes. Mais j'avais faim. Même morte, Grand-Mère devait bien comprendre cela.

Alors, j'ai choisi soigneusement les tomates. J'ai eu drôlement du mal à retrouver le persil, enfoui sous les mauvaises herbes.

Les merles, goguenards*, me regardaient du cerisier. Ils becquetaient nos cerises. Ça m'a énervé ! Ils avaient de la veine que je n'aie pas le temps de m'occuper d'eux !

* Être goguenard, c'est avoir un air moqueur.

Maman a préparé la salade de tomates ; c'était un peu tiédasse, mais je n'ai rien dit. J'ai calé sur les pommes de terre. J'avais l'impression d'étouffer.

L'après-midi, on a fait une petite sieste. Dehors, rien ne bougeait. Pas un souffle d'air. Tout semblait figé pour l'éternité.

6

L'eau au fond du puits

Le lendemain, je me suis réveillé avec le soleil, comme un brave. Grand-Père aussi.

Puisque le soleil et moi, on s'était levés ensemble, je suis allé cueillir des petits pois et des haricots verts pour midi.

J'ai aussi arraché les mauvaises herbes qui envahissaient ce pauvre persil.

J'ai canardé d'une poignée de cailloux un gros merle qui se régalait de nos dernières cerises. J'ai zigouillé les orties devant le clapier, et j'ai donné un trognon de pomme à mon lapin. Je l'ai caressé un peu, mais pas trop : ce n'est pas un jouet. Il lui fallait de l'eau aussi. Dommage que le puits soit grillagé ! J'ai dû aller jusqu'à la maison pour lui chercher son eau.

Alors je suis allé demander à Grand-Père :

– Grand-Père, si on enlevait le grillage du puits ? Je ne risque plus d'y tomber. Je suis grand maintenant.

– C'est vrai, a dit Grand-Père. Mais il faudra faire gaffe quand même.

On a enlevé ce grillage tous les deux. J'ai regardé au fond du puits. C'était tout noir.

J'ai jeté un caillou. Il a heurté l'eau avec un petit bruit très doux.

L'après-midi, on a astiqué le seau. À la fin, il brillait et on se voyait presque dedans. On l'a descendu au fond du puits. Quand il a touché l'eau, j'ai dit à Grand-Père :

– J'espère qu'on n'a pas assommé la vieille fée !

Il a souri et m'a aidé à remonter le seau plein. C'était drôlement lourd. Mais je l'ai porté tout seul à la maison pour me faire les biceps.

Le soir, Papa et Maman ont demandé à Grand-Père :

– Pourquoi ne viendrais-tu pas habiter chez nous ?

J'ai trouvé que c'était une drôle d'idée. Où on le mettrait ?

Maman a dit :

– On a un petit bureau qu'on pourrait transformer.

J'étais sûr que Grand-Père ne s'y plairait pas du tout ! Papa a ajouté :

– Je n'aime pas te savoir ici tout seul...

– Je ne suis pas vraiment seul, a répondu Grand-Père.

C'est vrai. Chez lui, Grand-Père a son chat, mon lapin, sa vieille fée au fond du puits, la chouette du grenier, les merles du cerisier, la Grande Ourse dans le ciel. Et l'ombre de Grand-Mère, qui continue sûrement à trottiner, invisible, de la maison au jardin.

Papa et Maman n'ont pas insisté, et ils sont sortis faire un tour dans la fraîcheur du soir.

Comme d'habitude, Grand-Père et moi, on s'est assis sur la margelle du puits. Grand-Père ne m'a pas dit : « Fais gaffe de ne pas tomber », mais j'ai fait gaffe tout seul.

Il a fumé sa cigarette du soir. La chouette est sortie du grenier pour aller chasser. On a regardé les étoiles, la Grande Ourse. C'était beau, comme d'habitude. Je me demandais si Grand-Mère était au ciel. Qui peut savoir cela ? Personne.

Personne ne nous a dit de rentrer. Mais on est rentrés quand même.

Et l'été s'est passé comme ça. Quand on est revenus chez nous, ma chambre m'a paru toute petite.

– C'est parce que tu as beaucoup grandi cet été, m'a expliqué maman.

Alors j'ai téléphoné la nouvelle à Grand-Père.

Je l'ai entendu rire, là, dans mon oreille, si près que ça me chatouillait presque.

Il a dit :

– Fais gaffe quand même ! Arrête-toi avant d'avoir de la barbe, sinon, ton lapin et moi, on ne te reconnaîtra plus l'été prochain !

Je l'ai rassuré :

– Pas de danger !

On n'oublie jamais ceux qu'on aime.

Dans la série *J'aime lire* *de Bayard Poche,* *il y a plein de livres que tu vas adorer !*

Des livres d'humour

***L'oncle Giorgio* (JL 10)**

L'oncle Giorgio est allergique aux enfants. Catastrophe, il est obligé de recevoir son neveu et sa nièce !

Écrit par Marie-Aude Murail et illustré par Yves Besnier.

Des livres fantastiques

***La bibliothèque ensorcelée* (JL 35)**

Ce vendredi 13, Aurore Coquille, la bibliothécaire, ne se doute pas que le livre qu'on lui demande va l'entraîner dans une véritable chasse aux sorcières.

Écrit par Évelyne Reberg et illustré par Maurice Rosy.

Des livres frissonnants

***Le mot interdit* (JL 6)**

Pas de mot se terminant en « eur ». C'est la règle du jeu. Un jeu qui peut devenir dangereux pour Thierry.

Écrit par Nicolas de Hirsching et illustré par Jean Claverie.

Des livres d'aventure

***C'est la vie, Julie* (JL 1)**

Ce matin, tout va mal, et Julie est loin de se douter qu'elle sera ce jour-là l'héroïne de folles aventures !

Écrit par Évelyne Reberg et illustré par Boiry.

Et n'oublie pas, dès 9/10 ans, les séries Je bouquine et Chair de poule !

Achevé d'imprimer en Mai 2000 par OBERTHUR Graphique
35000 RENNES - N° 3034
Dépôt légal : Mai 2000 - N° Editeur : 6141
Imprimé en France